쓰기 교과서에 따른 바른 글씨 연습

# 국어 교과서 따라쓰기

## 2-1

※ 바른사

# 국어 교과서 따라 쓰기 2-1의 특징

국어 교과서 학습을 효율적으로
할 수 있도록 도와주는
국어 교과서 따라 쓰기 시리즈

■ 초등학교 2학년 1학기 쓰기 교과서에 나오는 내용을 연습할 수 있도록 구성하여 교과서 학습과 바른 글씨 연습에 도움이 되도록 하였습니다.

■ 초등학교 2학년 1학기 쓰기 교과서에 나오는 예문들을 펜맨십으로 연습하여 교과서와 친해질 수 있도록 꾸몄습니다.

■ 이해를 돕기 위해 교과서를 참고로 한 그림을 실었습니다.

■ 학습한 날짜를 적게 하여 자발적인 학습을 할 수 있도록 꾸몄습니다.

교과서의 제목과
동일한 제목으로 교과서
학습을 효율적으로
할 수 있도록 꾸몄습니다.

교과서 쪽수를
적어 찾기 쉽게
하였습니다.

**1. 2학년이 되어**
글씨 쓰는 자세를 바르게 하여 봅시다.

○ 교과서 6~7쪽

1 엉덩이가 의자 맨 뒤까지 닿도록
   앉습니다.
2 허리는 곧게 폅니다.
3 손으로 턱을 괴지 않습니다.

6

교과서에 나온
그림을 참조하여 더욱
교과서와 친밀하도록
꾸몄습니다.

 친구에 대해 알고 싶은 것을 글로 써 봅시다.
예문을 따라 연습해 보세요.

○ 교과서 8~9쪽

공부한 날 ( )월 ( )일

은 희 에 게 .

같 은 반 이 되 어 서

반 갑 다 . 나 는 일 원 동

에 살 고 , 아 버 지 , 어

10

교과서에 나온
글과 예문을 펜맨십으로
구성하여 글쓰기에 도움이
되고자 하였습니다.

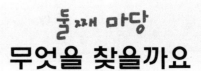

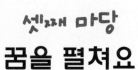

# 1. 2학년이 되어

글씨 쓰는 자세를 바르게 하여 봅시다.

▶ 교과서 6~7쪽

① 엉덩이가 의자 맨 뒤까지 닿도록 앉습니다.

② 허리는 곧게 폅니다.

③ 손으로 턱을 괴지 않습니다.

어떤 친구가 바른 자세로 글씨를 쓰고 있는지
알아볼까요?

⯈ 교과서 6~7쪽

(×)                              (○)

 …어떤 친구가 바른 자세를 하고 있는지 말해 보세요.
…바르지 않은 자세로 글씨를 쓰는 친구는 왜 자세가
바르지 못한지 말해 보세요.

2학년이 된 느낌을 글로 써 봅시다.

➡ 교과서 8~9쪽

…2학년이 되어서 달라진 점이 무엇인가요?

…2학년이 되니 어떤 느낌이 드나요?

…새로 만난 친구는 누구인가요?

…새로 사귄 친구에 대하여 무엇을 알고 싶은지 생각해 보세요.

연필을 바르게 잡고 글씨를 써 봅시다.

📍 교과서 8~9쪽

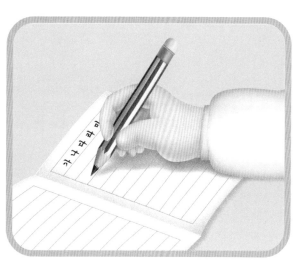

 …바른 자세로 글을 썼는지 말하여 봅시다.

…바르게 앉아서 글을 썼나요?

…연필을 바르게 잡고 글을 썼나요?

 친구에 대해 알고 싶은 것을 글로 써 봅시다.
예문을 따라 연습해 보세요.

교과서 8~9쪽

공부한 날 (   )월 (   )일

| 은 | 희 | 에 | 게 | . |  |  |
|---|---|---|---|---|---|---|
| 은 | 희 | 에 | 게 | . |  |  |
|  |  |  |  |  |  |  |
|  | 같 | 은 |  | 반 | 이 |  | 되 | 어 | 서 |
|  | 같 | 은 |  | 반 | 이 |  | 되 | 어 | 서 |

| 같 | 은 |  | 반 | 이 |  | 되 | 어 | 서 |
|---|---|---|---|---|---|---|---|---|
| 같 | 은 |  | 반 | 이 |  | 되 | 어 | 서 |
|  |  |  |  |  |  |  |  |  |
| 반 | 갑 | 다 | . | 나 | 는 |  | 일 | 원 | 동 |
| 반 | 갑 | 다 | . | 나 | 는 |  | 일 | 원 | 동 |
|  |  |  |  |  |  |  |  |  |  |
| 에 |  | 살 | 고 | , | 아 | 버 | 지 | , | 어 |
| 에 |  | 살 | 고 | , | 아 | 버 | 지 | , | 어 |

머 니 , 나　그 리 고　　남

동 생 까 지　모 두　　4 식

구 란 다 .

　나 는　국 어 를　제 일

좋 아 하 고　만 화 책　읽

는　것을　좋아해．

너는　어느　동네에

살고　가족은　몇　명

이니？　또　무슨　과

목을　좋아하는지　궁

금하구나.

내일　학교　끝나면

우리집에　같이　가서

놀지　않을래?　너랑

친해지고　싶어.

## 2. 정다운 우리

자음자와 모음자를 구별하여 봅시다. ➡️ 교과서 12쪽

공부한 날 (   )월 (   )일

| | | |
|---|---|---|
| ㄱ | 기역 | 가구 |
| ㄴ | 니은 | 노래 |
| ㄷ | 디귿 | 다리 |
| ㄹ | 리을 | 라디오 |
| ㅁ | 미음 | 미술 |

자음이 들어간 낱말을 써 봅시다.

⬀ 교과서 12쪽

| ㅂ | 비 읍 | 바 다 |
| --- | --- | --- |
| ㅅ | 시 옷 | 샘 물 |
| ㅇ | 이 응 | 옹 기 |
| ㅈ | 지 읒 | 전 화 |
| ㅊ | 치 읓 | 처 음 |

자음이 들어간 낱말을 써 봅시다.

○ 교과서 12쪽

| ㅋ | 키읔 | 키위 |
|---|---|---|
| | 키읔 | 키위 |
| ㅌ | 티읕 | 탈춤 |
| | 티읕 | 탈춤 |
| ㅍ | 피읖 | 파도 |
| | 피읖 | 파도 |
| ㅎ | 히읗 | 한글 |
| | 히읗 | 한글 |

 모음이 들어가는 낱말을 써 봅시다.

🔵 교과서 13쪽

공부한 날 (  )월 (  )일

| ㅏ | 아 | 아 기 |  |
|---|---|---|---|
| ㅑ | 야 | 야 구 |  |
| ㅓ | 어 | 어 항 |  |
| ㅕ | 여 | 여 행 |  |
| ㅗ | 오 | 오 리 |  |

## 모음이 들어가는 낱말을 써 봅시다.

교과서 13쪽

공부한 날 (  )월 (  )일

| ㅛ | 요 | 요 | 리 | |
| ㅜ | 우 | 우 | 리 | |
| ㅠ | 유 | 유 | 리 | |
| ㅡ | 으 | 으 | 쑥 | |
| ㅣ | 이 | 이 | 마 | |

자음자와 모음자를 모아 낱말을 만들어 봅시다.

◯ 교과서 14쪽

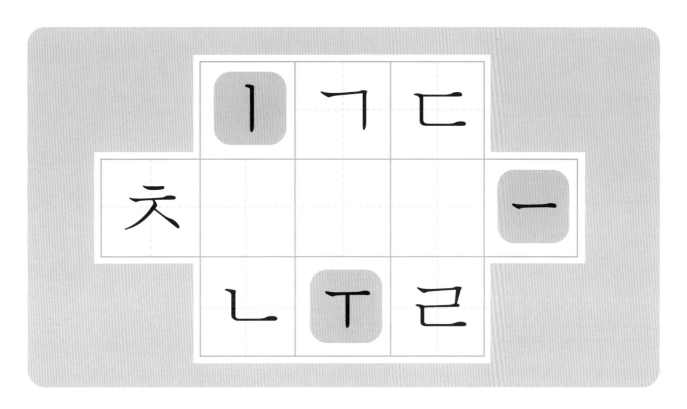

보기와 같이 낱말을 자음자와 모음자로 나누어 봅시다.

| 보기 | 자음 | 모음 | 자음 |
|------|------|------|------|
| 가 | ㄱ | ㅏ | |
| 방 | ㅂ | ㅏ | ㅇ |

| 꽃 | ㄲ | | |
|----|------|------|------|
| 밭 | ㅂ | | |

| 돌 | ㄷ | | |
|----|------|------|------|
| 고 | ㄱ | | |
| 래 | ㄹ | | |

 ㅅ, ㄲ으로 시작하는 낱말을 써 봅시다.

◯ 교과서 15쪽

공부한 날 (　)월 (　)일

| ㅅ | 사 람 | 사 과 |
|---|---|---|
| | 사 람 | 사 과 |
| | 선 생 님 | 사 탕 |
| | 선 생 님 | 사 탕 |
| ㄲ | 꽃 | 꼬 마 |
| | 꽃 | 꼬 마 |
| | 꽃 다 발 | 껍 질 |
| | 꽃 다 발 | 껍 질 |

 ㅐ, ㅟ가 들어가는 낱말을 써 봅시다.

○ 교과서 15쪽

공부한 날 (    )월 (    )일

| ㅐ | 시냇물 | 배 |
|---|---|---|
| | 시냇물 | 배 |
| | 내일 | 태극기 |
| | 내일 | 태극기 |
| ㅟ | 바퀴 | 위험 |
| | 바퀴 | 위험 |
| | 가위 | 휘파람 |
| | 가위 | 휘파람 |

내가 알고 있는 과일의 이름을 써 봅시다. 그리고
자음자에는 동그라미를 그려 봅시다.

▶ 교과서 15쪽

공부한 날 (  )월 (  )일

| 키 | 위 |  | 배 |  | 사 | 과 |
| 복 | 숭 | 아 |  | 레 | 몬 |  |
| 파 | 인 | 애 | 플 |  | 오 | 렌 | 지 |
| 귤 |  | 포 | 도 |  | 멜 | 론 |
| 앵 | 두 |  | 수 | 박 |  | 참 | 외 |

 모음자에 동그라미를 그려 봅시다.

➡ 교과서 17쪽

공부한 날 (  )월 (  )일

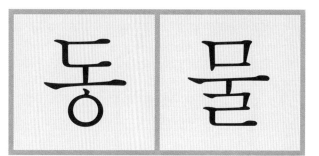

자음자와 모음자를 모아 낱말을 만들어 봅시다.

ㅁ ㅗ ㄴ ㄹ ㅕ ㄱ          ㄱ ㅐ ㄹ ㅣ ㅏ ㄴ

ㅁ ㅘ ㅐ ㅎ                 ㅣ ㄴ ㄹ ㅏ ㄷ ㅐ ㄹ
ㅈ

23

새로 만난 친구의 좋은 점을 써 봅시다. 그리고 자음자와 모음자를 구별하여 봅시다.

◐ 교과서 18쪽

좋은 점

쓴 글에서 낱말 하나를 골라 동그라미를 그려 봅시다. 그리고 자음자와 모음자로 나누어 써 봅시다.

| 자음자 | |
|---|---|

| 모음자 | |
|---|---|

친구를 칭찬하는 글을 써 봅시다. 그리고 자음자와
모음자를 구별하여 봅시다.

○ 교과서 19쪽

| 좋은 점 | |
| --- | --- |

쓴 글에서 한 문장을 골라 밑줄을 그어 봅시다. 그리고 자음자와
모음자로 나누어 써 봅시다.

| 자음자 | |
| --- | --- |
| 모음자 | |

내가　준비물을　안

가져　왔을　때　준비

물을　빌려　줍니다.

고운말을　쓰고　누

구에게나　상냥하게

대해　줍니다.

언제나　밝은　얼굴

로　인사하고, 선생님

말씀도　잘　듣는　모

범생입니다.

내　친구　효진이는

내가　준비물을　안

가져　오면　빌려　주

는　친절한　친구입니

다.　또　항상　고운말

| 을 | | 쓰 | 며 | | 얼 | 굴 | 엔 | | 밝 |
|---|---|---|---|---|---|---|---|---|---|
| 을 | | 쓰 | 며 | | 얼 | 굴 | 엔 | | 밝 |
| 은 | | 웃 | 음 | 이 | | 가 | 득 | 합 | 니 |
| 은 | | 웃 | 음 | 이 | | 가 | 득 | 합 | 니 |
| 다 | . | 선 | 생 | 님 | | 말 | 씀 | 도 | |
| 다 | . | 선 | 생 | 님 | | 말 | 씀 | 도 | |
| 잘 | | 듣 | 는 | | 효 | 진 | 이 | 는 | |
| 잘 | | 듣 | 는 | | 효 | 진 | 이 | 는 | |
| 인 | 기 | 가 | | 많 | 습 | 니 | 다 | . | |
| 인 | 기 | 가 | | 많 | 습 | 니 | 다 | . | |

# 1. 소중한 말과 글

그림으로 나타내어 봅시다.

➡ 교과서 24쪽

어제 학교에서 일어났던 일을 그림으로 나타내어 봅시다.

쓰기가 왜 중요한지를 알아봅시다.

⭕ 교과서 25쪽

 그림으로 나타낸 것을 글로 써 봅시다.

 그림으로 나타낸 것과 글로 쓴 것을 비교하여 봅시다. 그리고 글로 쓰면 어떤 점이 좋은지 알아봅시다.

표현하는 데 시간이 적게 걸린다.

어제 　짝이 　맛있는

어제 　짝이 　맛있는

아이스크림을 　사 　주

아이스크림을 　사 　주

었습니다.

었습니다.

그런데 　아이스크림

그런데 　아이스크림

을 　들고 　뛰다가 　넘

을 　들고 　뛰다가 　넘

어져  아이스크림을

떨어뜨렸습니다.

짝이  얼른  달려와

일으켜  주고  옷을

털어  주었습니다.

표현하는 데 시간

표현하는 데 시간

이 적게 걸린다.

이 적게 걸린다.

누구나 쉽게 알아

누구나 쉽게 알아

볼 수 있다.

볼 수 있다.

내가 생각한 것을

내가 생각한 것을

예문을 따라 써 보세요.

| 정 | 확 | 하 | 게 | | 표 | 현 | 할 | | 수 |
|---|---|---|---|---|---|---|---|---|---|
| 정 | 확 | 하 | 게 | | 표 | 현 | 할 | | 수 |
| | | | | | | | | | |
| 있 | 다 | . | | | | | | | |
| 있 | 다 | . | | | | | | | |
| | | | | | | | | | |

쓰기의 중요성을 알고 글을 써 봅시다.

▶ 교과서 26~27쪽

 글을 읽고, 지영이가 어떻게 하여야 할지 생각해 봅시다.

> 어머니께서는 시장에 가셨습니다. 지영이는 혼자 숙제를 하고 있었습니다. 경수에게서 전화가 왔습니다. 지영이는 그 때서야 친구들과 함께 서점에 가기로 한 약속이 생각났습니다. 빨리 가야 하겠는데, 그냥 가면 어머니께서 걱정하실 것 같았습니다.

지영이는 쪽지에 글을 써서 남기기로 하였습니다. 지영이가 되어 어머니께 글을 써 봅시다.

어머니께서는　시장

에　가셨습니다.　지영

이는　혼자　숙제를

하고　있었습니다.　경

수에게서　전화가　왔

습니다. 지영이는　그

때서야　친구들과　함

께　서점에　가기로

한　약속이　생각났습

니다.

빨 리　　가 야　　하 겠 는 데 ,

그 냥　　가 면　　어 머 니 께

서　　걱 정 하 실　　것　　같

았 습 니 다 .

어머니께.
어머니께.

어머니, 제가　친구
어머니, 제가　친구

들이랑　서점에　가기
들이랑　서점에　가기

로　한　약속을　깜박
로　한　약속을　깜박

잊고　있었어요. 약속
잊고　있었어요. 약속

시 간 에　늦 어 서　　어 머

니 께 서　돌 아 오 시 기

전 에　　나 갑 니 다 .　2 시

간　　정 도　걸 릴　　것

같 아 요 .　지 영　　올 림 .

# 2. 찾아서 배우는 우리

 글자의 여러 가지 모양에 대하여 알아봅시다.

⊙ 교과서 28~29쪽

 모양에 주의하며 새의 이름을 써 봅시다.

| 참 | 새 | 까 | 치 | 부 | 엉 | 이 |
|---|---|---|---|---|---|---|
| 참 | 새 | 까 | 치 | 부 | 엉 | 이 |
| | | | | | | |
| | | | | | | |

 모양에 주의하며 땅에 사는 동물의 이름을 써 봅시다.

| 노 | 루 | 타 | 조 | 호 | 랑 | 이 |
|---|---|---|---|---|---|---|
| 노 | 루 | 타 | 조 | 호 | 랑 | 이 |
| | | | | | | |
| | | | | | | |

모양에 주의하며 강이나 바다에 사는 동물의 이름을 써 봅시다.

고 | 등 | 어

| 꽃 | 게 |
|---|---|
| 꽃 | 게 |
| | |

| 숭 | 어 |
|---|---|
| 숭 | 어 |
| | |

| 거 | 북 |
|---|---|
| 거 | 북 |
| | |

 글자의 모양에 따라 글씨를 바르게 써 봅시다.

| 동 | 물 | 을 | | 친 | 구 | 처 | 럼 |
|---|---|---|---|---|---|---|---|
| 동 | 물 | 을 | | 친 | 구 | 처 | 럼 |
| 아 | 끼 | 고 | | 사 | 랑 | 합 | 시 | 다 | . |
| 아 | 끼 | 고 | | 사 | 랑 | 합 | 시 | 다 | . |

글자의 모양에 주의하며 글을 써 봅시다.

교과서 32쪽

 '자갈을 모으는 어름치'를 읽고 내용을 정리하였습니다. 정리한 내용을 바탕으로 하여 글을 써 봅시다. 글자의 모양에 주의하며 글을 써 봅시다.

## 어름치

어름치는 맑은 물에 삽니다.

4월이나 5월이 되면 알을 낳습니다.

그리고 강 바닥에 자갈을 모아 탑처럼

쌓아서 알을 돌봅니다. 자갈을 모아 탑처럼

쌓는 이유는 알이 떠내려가지 않게 하기

위해서입니다. 그래서 어름치를 '자갈을

모으는 어름치'라고 하는 것입니다.

어름치는 맑은 물

에 삽니다. 4월이나

5월이 되면 알을

낳습니다. 그리고 강

바닥에 자갈을 모아

| 탑 | 처 | 럼 | | 쌓 | 아 | 서 | | 알 | 을 |
|---|---|---|---|---|---|---|---|---|---|
| 탑 | 처 | 럼 | | 쌓 | 아 | 서 | | 알 | 을 |
| | | | | | | | | | |

| 돌 | 봅 | 니 | 다 | . | 자 | 갈 | 을 | | 모 |
|---|---|---|---|---|---|---|---|---|---|
| 돌 | 봅 | 니 | 다 | . | 자 | 갈 | 을 | | 모 |
| | | | | | | | | | |

| 아 | | 탑 | 처 | 럼 | | 쌓 | 는 | | 이 |
|---|---|---|---|---|---|---|---|---|---|
| 아 | | 탑 | 처 | 럼 | | 쌓 | 는 | | 이 |
| | | | | | | | | | |

| 유 | 는 | | 알 | 이 | | 떠 | 내 | 려 | 가 |
|---|---|---|---|---|---|---|---|---|---|
| 유 | 는 | | 알 | 이 | | 떠 | 내 | 려 | 가 |
| | | | | | | | | | |

| 지 | | 않 | 게 | | 하 | 기 | | 위 | 해 |
|---|---|---|---|---|---|---|---|---|---|
| 지 | | 않 | 게 | | 하 | 기 | | 위 | 해 |
| | | | | | | | | | |

서입니다. 그래서     어
서입니다. 그래서     어

름치를     '자갈을     모
름치를     '자갈을     모

으는  어름치' 라고
으는  어름치' 라고

하는  것입니다.
하는  것입니다.

 글씨를 바르게 써 봅시다.

🔵 교과서 33쪽

공부한 날 (   )월 (   )일

가

가방
가방

고

고니
고니

국

국기
국기

카메라
카메라

코끼리
코끼리

부엌
부엌

쓰기의 중요성을 생각하며 바른 글씨로 글을 써 보았습니다. 내가 잘 할 수 있는지 알아봅시다.

 교과서 34쪽

☐ 안에 들어갈 낱말을 글씨로 써 봅시다.

 가로 열쇠

① 우리들이 즐겨 읽는 책.

③ 쌈을 싸 먹는 채소.

⑤ 유치원의 ☐☐ 선생님

① 여러 가지 동물을 기르는 곳. 이 곳에서 동물을 구경함.

② 공부하는 데 필요한 ☐☐ 과 의자.

④ 송편을 먹는 명절.

⑥ 이순신 ☐☐ .

 세로 열쇠

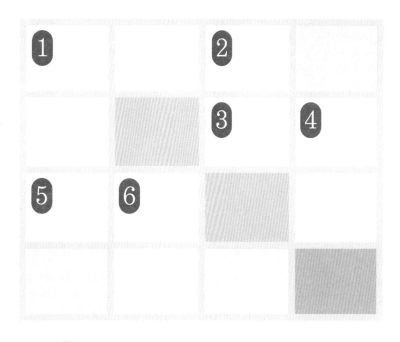

내가 좋아하는 놀이를 선생님께 알려 드리는 글을 써 봅시다. 모양이 바른 글씨로 써 봅시다.

◐ 교과서 35쪽

무슨 놀이인가요?
어디에서 하나요?
몇 명이 하나요?
어떻게 하나요?

선생님, 이 게임은

두 사람이 하는 컴

퓨터 게임입니다. 화

면에 전투기가 나타

나면 시작되는데, 다

른　편의　전투기가

쏘는　총알이나　폭탄

을　피해야　합니다.

총알을　잘　피하면

힘이　세어지는　약이

나　무 기 를　 얻 을　수

있 습 니 다 .　혼 자　 할

수 도　 있 지 만 ,　 둘 이 서

함 께　 해 야　 더　 재 미

있 습 니 다 .

 글자의 모양에 주의하며 글씨를 바르게 써 봅시다.

◯ 교과서 36쪽

나는 얼마 전에 읽은 '토끼의 우주 여행'이라는 책이 떠올랐습니다. 그 책은 달나라 토끼들의 모험에 관한 이야기였습니다.

공부한 날 (　)월 (　)일

| 나 | 는 | | 얼 | 마 | | 전 | 에 |
|---|---|---|---|---|---|---|---|
| 나 | 는 | | 얼 | 마 | | 전 | 에 |
| | | | | | | | |
| 읽 | 은 | | ' 토 | 끼 | 의 | | 우 | 주 |
| 읽 | 은 | | ' 토 | 끼 | 의 | | 우 | 주 |
| | | | | | | | |
| 여 | 행 ' | 이 | 라 | 는 | | 책 | 이 |
| 여 | 행 ' | 이 | 라 | 는 | | 책 | 이 |
| | | | | | | | |

떠 올 랐 습 니 다 .

그     책 은     달 나 라

토 끼 들 의     모 험 에     관

한     이 야 기 였 습 니 다 .

텔레비전에서 재미있게 본 내용을 친구에게 알려 주는 글을 써 봅시다.

◐ 교과서 37쪽

무슨 내용이었나요?
어떤 점이 재미있었
나요?

어제 텔레비전을

보았는데, 정말 재미

있었어.

세계의 위인에 대

한 내용이었어. 여러

위인들　이야기　중에
위인들　이야기　중에

마더　테레사에　대한
마더　테레사에　대한

이야기가　가장　감동
이야기가　가장　감동

적이었어.　마더　테레
적이었어.　마더　테레

사는　인도에서　아픈
사는　인도에서　아픈

예문을 따라 써 보세요.

공부한 날 (    )월 (    )일

사람들을 위해 봉사
사람들을 위해 봉사

하신 분이야. 나는
하신 분이야. 나는

마더 테레사같이 남
마더 테레사같이 남

을 위해 봉사하는
을 위해 봉사하는

사람이 되고 싶어.
사람이 되고 싶어.

## 1. 말의 재미

꾸며 주는 말을 넣어 글을 써 보세요.

▶ 교과서 41~42쪽

보기

깡충깡충, 엉금엉금, 새근새근
훨훨, 많은, 귀여운

토끼가 ＿＿＿＿＿＿＿＿ 뛰어갑니다.

거북은 ＿＿＿＿＿＿＿ 기어갑니다.

＿＿＿＿＿＿＿ 아기가 자고 있습니다.

나비가 ＿＿＿＿＿＿＿ 날아갑니다.

공원에 ＿＿＿＿＿＿ 사람들이 있습니다.

＿＿＿＿＿＿＿ 새가 지저귀고 있습니다.

파란색으로 쓴 말에 주의하여, 태경이가 공원에 다녀와서 쓴 글을 읽어 봅시다.

○ 교과서 43쪽

주말에 어머니, 아버지와 함께 공원에 갔습니다. 공원에는 많은 사람들이 있었습니다. 모두들 즐거운 표정이었습니다. 나무 위에서 흥겹게 지저귀는 귀여운 새들도 보았습니다. 울음소리가 참 아름답게 들렸습니다.

나는 예쁜 꽃과 나무가 있는 공원이 좋습니다. 거기에 자주 가고 싶습니다.

위에서 파란색으로 쓴 말은 뒤에 오는 말을 꾸며 주어 뜻을 자세하게 나타내는 말입니다. 꾸며 주는 말을 사용하면 어떤 점이 좋은지 알아봅시다.

 실감나게 표현할 수 있다.

주 말 에　어 머 니 ,　아

버 지 와　함 께　공 원 에

갔 습 니 다 .　공 원 에 는

많 은　사 람 들 이　있 었

습 니 다 .　모 두 들　즐 거

운　　표정이었습니다.

　　나무　위에서　　홍겹

게　　지저귀는　　귀여운

새들도　　보았습니다.

울음소리가　참　아름

답게 들렸습니다.

나는 예쁜 꽃과

푸른 나무가 있는

공원이 좋습니다. 거

기에 자주 가고 싶

습 니 다 .

많 은

즐 거 운

흥 겹 게

참　　아 름 답 게

예 쁜　　푸 른

자 주

보기와 같이 꾸며 주는 말을 넣어 문장을 만들어 봅시다.

○ 교과서 45쪽

 **보기**
하늘에 구름이 떠 있습니다.
파란 하늘에 구름이 둥실둥실
떠 있습니다.

**1** 바람이 불었습니다.

⋮

**2** 아이들이 놀고 있습니다.

⋮

**3** 자동차가 지나갑니다.

⋮

**4** 꽃밭에는 나팔꽃이 피어 있습니다.

⋮

하 늘 에　구 름 이　떠

있 습 니 다.　⇒　파 란　하

늘 에　구 름 이　둥 실 둥

실　떠　있 습 니 다.

① 바 람 이　불 었 습 니

예문을 따라 써 보세요.

다. ---> 사나운 바람이

다. ---> 사나운 바람이

윙윙 불었습니다.

윙윙 불었습니다.

2 아이들이 놀고

아이들이 놀고

있습니다. ---> 귀여운

있습니다. ---> 귀여운

아이들이 신나게 놀

아이들이 신나게 놀

고　　있습니다.
고　　있습니다.

**3** 자동차가　지나갑
자동차가　지나갑

니다. ⇢ 빨간　자동차
니다. ⇢ 빨간　자동차

가　쌩　지나갑니다.
가　쌩　지나갑니다.

**4** 꽃밭에는　나팔꽃
꽃밭에는　나팔꽃

이　피어　있습니다.

넓은　꽃밭에는

예쁜　나팔꽃이　피어

있습니다.

글씨를 바르게 써 봅시다.

  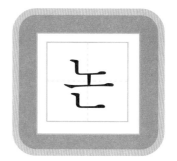

| 나 무 | 노 래 | 논 밭 | 두 레 |
|---|---|---|---|
| 나 무 | 노 래 | 논 밭 | 두 레 |
| | | | |
| | | | |

| 태 권 도 | 탈 놀 이 | 낱 말 |
|---|---|---|
| 태 권 도 | 탈 놀 이 | 낱 말 |
| | | |
| | | |
| | | |

# 2. 즐거운 마음

 꾸며 주는 말을 넣어 봅시다.

꾸며 주는 말을 넣어 48, 49쪽 그림의 내용을 재미있게 나타내어 봅시다.

꾸며 주는 말을 넣어 그림의 내용을 글로 써 봅시다.

숲 속에서 즐거운 운동회가 열렸습니다.

숲  속에서  즐거운

운동회가  열렸습니다.

귀가  긴  토끼가

힘껏  뛰어갑니다. 코

끼리는  땀을  뻘뻘

흘리며 줄다리기를

합니다. 뚱뚱한 돼지

도 열심히 달리고,

원숭이는 힘껏 모래

주머니를 던집니다.

꾸며 주는 말을 넣어 시를 완성하여 봅시다.

◯ 교과서 51쪽

## 기린하곤

기린하곤 아무도
숨바꼭질할 순 없어.

멀리 가 숨는대도
　　　　　　몇 걸음에 쫓아올 테고,

나무 위에 숨어봤자
　　　　　　잎들을 먹어치움 그만이지.
굴 속이라고 별 수 있겠어?

긴 목　　　　　들이밀고
'여기 있다'. 금방 찾아 내고 말 텐데······.

 완성된 시를 써 보세요.

보기와 같이 꾸며 주는 말을 넣어 문장을 만들어 봅시다.

○ 교과서 52쪽

> **보기**
>
> 나비가 날아갑니다.
> 예쁜 나비가 훨훨 날아갑니다.

**1** 제비꽃이 피었습니다.

**2** 나무가 자랍니다.

**3** 참새가 노래합니다.

**1**

제비꽃이 피었습

니다. ➡ 탐스런 제비

꽃이 피었습니다.

**2**

나무가 자랍니다.

➡ 푸른 나무가 쑥

쑥　　자랍니다.
쑥　　자랍니다.

**3**　참새가　노래합니
　　참새가　노래합니

다.　➡️　작은　참새가
다.　➡️　작은　참새가

귀여운　목소리로　노
귀여운　목소리로　노

래합니다.
래합니다.

'꼬까신' 을 읽고, 꾸며 주는 말을 찾아봅시다.

◐ 교과서 53쪽

## 꼬까신

개나리 노란
꽃 그늘 아래

가지런히 놓여 있는
꼬까신 하나.

아기는 살짝
신 벗어 놓고

맨발로 한들한들
나들이 갔나.

가지런히 기다리는
꼬까신 하나.

꼬까신을 읽고 난 느낌을 글로 써 봅시다. 꾸며 주는 말도 알맞게 넣어 봅시다.

노 랗 게　피 어　있 는

개 나 리 와　앙 증 맞 은

꼬 까 신 이　잘　어 울 립

니 다. 겨 우　아 장 아 장

걷 는　아 기 는　꼬 까 신

| 을 | | 벗 | 고 | | 어 | 디 | 로 | | 간 |
|---|---|---|---|---|---|---|---|---|---|
| 을 | | 벗 | 고 | | 어 | 디 | 로 | | 간 |
| | | | | | | | | | |

| 걸 | 까 | 요 | ? | | 조 | 그 | 만 | | 아 |
|---|---|---|---|---|---|---|---|---|---|
| 걸 | 까 | 요 | ? | | 조 | 그 | 만 | | 아 |
| | | | | | | | | | |

| 기 | | 발 | 이 | | 뾰 | 죽 | 한 | | 돌 |
|---|---|---|---|---|---|---|---|---|---|
| 기 | | 발 | 이 | | 뾰 | 죽 | 한 | | 돌 |
| | | | | | | | | | |

| 에 | | 찔 | 릴 | 까 | | 봐 | | 무 | 척 |
|---|---|---|---|---|---|---|---|---|---|
| 에 | | 찔 | 릴 | 까 | | 봐 | | 무 | 척 |
| | | | | | | | | | |

| 걱 | 정 | 이 | | 됩 | 니 | 다 | . | | |
|---|---|---|---|---|---|---|---|---|---|
| 걱 | 정 | 이 | | 됩 | 니 | 다 | . | | |
| | | | | | | | | | |

(  ) 안에 흉내내는 말을 넣어 봅시다.

● 교과서 54쪽

**하나 하면,** 할머니가 지팡이 짚고서 톡톡톡.

**둘 하면,** 두부 장수 두부를 판다고                    .

셋 하면, 새색시가 거울을 본다고 착착착.

**넷 하면,** 냇가에서 빨래를 한다고                    .

**다섯 하면,** 다람쥐가 알밤을 깐다고                    .

(  ) 안에 어떤 말을 넣을지 생각해 볼까요?

# 꾸며 주는 말을 넣어 그림의 내용을 글로 써 봅시다.

○ 교과서 55쪽

옛날, 할아버지와

할머니가 살았습니다.

어느 날 찍찍 소

리가 나서 나가 보

았습니다. 그랬더니,

생 쥐 들 이　　으 쓱 으 쓱

춤 을　　추 고　　있 는　　것

이 었 어 요 .　할 아 버 지 와

할 머 니 는　　깜 짝　　놀 랐

습 니 다 .　하 지 만　　생 쥐

들의　흥겨운　춤을

보고는　함께　덩실덩

실　춤을　추게　되었

습니다. 빙글빙글　춤

을　추었답니다.

꾸며 주는 말을 넣어 이야기의 내용을 간추려 써 봅시다.

교과서 56~57쪽

1          2

어느 날, 상자가 실려 있는 배 한 척이 바닷가로 둥실둥실 떠내려왔습니다.

-----------------------------

-----------------------------

-----------------------------

-----------------------------

-----------------------------

-----------------------------

-----------------------------

-----------------------------

-----------------------------

-----------------------------

3          4

87

어느 날, 상자가

실려 있는 배 한

척이 바닷가로 둥실

둥실 떠내려왔습니다.

상자에는 아주 큰

알이 들어 있었습니

다. 그 알에서 아기

가 나왔습니다. 아기

는 무럭무럭 자라서

힘센 장사가 되었습

니 다 . 아 기 는 　 임 금 님
니 다 . 아 기 는 　 임 금 님

의 　 자 리 에 까 지 　 오 르
의 　 자 리 에 까 지 　 오 르

게 　 되 었 습 니 다 . 그
게 　 되 었 습 니 다 . 그

임 금 님 은 　 나 라 를 　 잘
임 금 님 은 　 나 라 를 　 잘

다 스 렸 답 니 다 .
다 스 렸 답 니 다 .

틀린 글자를 찾아 바르게 고쳐 봅시다.

교과서 58~59쪽

이를    깨끗이    딱았다.

┄┄┄┄▶  이를    깨끗이    [          ]


놉고    푸른    하늘.

┄┄┄▶  [          ]    푸른    하늘.


꼿이    참    예쁘다.

┄┄┄┄▶  [          ]    참    예쁘다.


크게    우스시는    우리 선생님.

┄┄┄▶  크게    [          ]    우리 선생님.

이를 깨끗이 닦았
이를 깨끗이 닦았

다.
다.

높고 푸른 하늘.
높고 푸른 하늘.

꽃이 참 예쁘다.
꽃이 참 예쁘다.

크게 웃으시는 우
크게 웃으시는 우

리　선생님.

리　선생님.

닦았다.

닦았다.

높고

높고

꽃이

꽃이

웃으시는

웃으시는

# 1. 내 의견

🡒 교과서 62~63쪽

교과서 62, 63쪽의 편지 두 통을 보고 생각해 봅시다.

두 통의 편지 중에서 어느 것을 베짱이에게 보내면 좋을지 생각하여 봅시다. 그리고 그 까닭을 생각해 봅시다.

예문을 따라 써 보세요.

공부한 날 (  )월 (  )일

**내 생각**

| 편 | 지 | | 2 | 가 | | 베 |
|---|---|---|---|---|---|---|
| 편 | 지 | | 2 | 가 | | 베 |

| 짱 | 이 | 의 | | 기 | 분 | 을 | | 나 | 쁘 |
|---|---|---|---|---|---|---|---|---|---|
| 짱 | 이 | 의 | | 기 | 분 | 을 | | 나 | 쁘 |

| 지 | | 않 | 게 | | 썼 | 고 | | 편 | 지 |
|---|---|---|---|---|---|---|---|---|---|
| 지 | | 않 | 게 | | 썼 | 고 | | 편 | 지 |

| 를 | | 쓰 | 는 | | 목 | 적 | 을 | | 뚜 |
|---|---|---|---|---|---|---|---|---|---|
| 를 | | 쓰 | 는 | | 목 | 적 | 을 | | 뚜 |

| 렷 | 이 | | 나 | 타 | 내 | 었 | 습 | 니 | 다. |
|---|---|---|---|---|---|---|---|---|---|
| 렷 | 이 | | 나 | 타 | 내 | 었 | 습 | 니 | 다. |

개미가 보낸 편지를 읽고 베짱이가 답장을 썼습니다. 베짱이가 쓴 편지를 읽어 봅시다.

○ 교과서 64쪽

교과서 64쪽의 편지를 보고 생각해 봅시다.

개미나 베짱이에게 하고 싶은 말을 글로 써 봅시다.

베짱이에게.

베짱이에게.

베짱아, 나도 너의

베짱아, 나도 너의

노래가 듣고 싶어.

노래가 듣고 싶어.

여름에 네 노래를

여름에 네 노래를

들으면 기분이 좋아.

들으면 기분이 좋아.

기 대 하 고　있 을 게 .

기 대 하 고　있 을 게 .

　하 지 만 , 개 미　말 대

　하 지 만 , 개 미　말 대

로　　너 무　놀 기 만　하

로　　너 무　놀 기 만　하

는　건　좋 지　않 으 니

는　건　좋 지　않 으 니

조 금 만　노 래 하 렴 .

조 금 만　노 래 하 렴 .

글씨를 바르게 써 보세요.

교과서 66~67쪽

공부한 날 (　)월 (　)일

| 마 당 | 모 기 | 알 밤 |
| 마 당 | 모 기 | 알 밤 |
| | | |

| 바 다 | 보 물 | 접 시 |
| 바 다 | 보 물 | 접 시 |
| | | |

| 파 도 | 포 수 | 앞 산 |
| 파 도 | 포 수 | 앞 산 |
| | | |

# 2. 서로 다른 생각

글을 쓸 때에 주의할 점을 알아봅시다.
◑ 교과서 68쪽

내 생각이 분명하게 드러나는 글을 쓸 때에 주의할 점을 알아
봅시다.

글쓴이의 생각이 잘 드러나 있는지 생각하며 '내 꿈'을 읽어
봅시다.

주의할 점

엉뚱한　내용

을　쓰지　않는다.

　주장이　뚜렷하게

나타나게　쓰고, 이유

를　정확히　쓴다.

내 생각이 뚜렷하게 드러나는 글을 써 봅시다.

○ 교과서 70~71쪽

 우리 반에서는 현장 학습을 가기로 하였습니다. 각자 가고 싶은 곳을 생각하여 봅시다.

1 어디에 가고 싶은가요?

2 왜 그 곳에 가고 싶은가요?

첫째,

둘째,

 위에서 정리한 내용을 바탕으로 하여 글을 써 봅시다.

내 생각
드러내기

저는 식물원

저는 식물원

에 가고 싶습니다.

에 가고 싶습니다.

왜냐 하면 여러

왜냐 하면 여러

가지 식물들을 직접

가지 식물들을 직접

관찰할 수 있기 때

관찰할 수 있기 때

문입니다.

또, 자연에 대해

사랑하는 마음도 가

질 수 있는 점이

좋다고 생각합니다.

내 생각이 뚜렷하게 드러나는 글을 써 봅시다.

◐ 교과서 72~73쪽

근호네는 다음 주말에 가족 나들이를 가려고 합니다. 근호는 놀이 동산에 가고 싶어합니다. 그런데 부모님께서는 산에 가자고 하십니다. 근호가 어떻게 하면 좋을지 생각하여 봅시다.

근호가 부모님과 함께 놀이 동산에 가려면 어떻게 말씀 드려야 할까요? 근호가 되어 부모님께 글을 써 봅시다.

부 모 님 께 .

부 모 님 께 .

저 는　　놀 이　　공 원 에

저 는　　놀 이　　공 원 에

가 고　　싶 어 요 .　왜 냐

가 고　　싶 어 요 .　왜 냐

하 면　　놀 이　　공 원 에 는

하 면　　놀 이　　공 원 에 는

놀 이　　기 구 도　　많 고

놀 이　　기 구 도　　많 고

돌 고 래　　쇼　같 은　　볼

거 리 도　　있 으 니 까 요 .

여 러　　가 지 를　　한 꺼 번

에　할　수　있 는　　것

이　좋 아 요 .

내가 커서 하고 싶은 일을 생각하여 봅시다.

○ 교과서 74~75쪽

 선생님께서 읽으신다고 생각하며, 내 생각이 분명하게 드러나는 글을 써 봅시다.

 쓴 글을 읽고, 고칠 점이 있는지 살펴봅시다.

저는 화가가 되고

싶습니다. 왜냐 하면

그림 그리는 것이

좋고 재미있기 때문

입니다. 그래서 저는

| 앞 | 으 | 로 |  | 화 | 가 | 가 |  | 되 | 기 |
|---|---|---|---|---|---|---|---|---|---|
| 앞 | 으 | 로 |  | 화 | 가 | 가 |  | 되 | 기 |
|  |  |  |  |  |  |  |  |  |  |
| 위 | 해 | 서 |  | 열 | 심 | 히 |  | 그 | 림 |
| 위 | 해 | 서 |  | 열 | 심 | 히 |  | 그 | 림 |
|  |  |  |  |  |  |  |  |  |  |
| 공 | 부 | 를 |  | 할 |  | 것 | 입 | 니 | 다. |
| 공 | 부 | 를 |  | 할 |  | 것 | 입 | 니 | 다. |
|  |  |  |  |  |  |  |  |  |  |
| 그 | 래 | 서 |  | 꼭 |  | 훌 | 륭 | 한 |  |
| 그 | 래 | 서 |  | 꼭 |  | 훌 | 륭 | 한 |  |
|  |  |  |  |  |  |  |  |  |  |
| 화 | 가 | 가 |  | 되 | 겠 | 습 | 니 | 다 | . |
| 화 | 가 | 가 |  | 되 | 겠 | 습 | 니 | 다 | . |
|  |  |  |  |  |  |  |  |  |  |

# 1. 마음의 선물

🔵 교과서 80~81쪽

🧒 상상한 내용을 바탕으로 하여, 이어질 내용을 꾸며 써 봅시다.

굴렁쇠를 굴리며

가다가 앞에서 달리

던 강아지가 큰 웅

덩이에 빠졌습니다.

아이는 얼른 강아

지를　웅덩이에서　꺼

내　주려고　달려갔습

니다. 강아지는　다행

히도　다친　곳이　없

었습니다.

이야기를 읽고, 이어질 내용을 꾸며 써 봅시다.

○ 교과서 82쪽

 교과서 82쪽을 읽고 이어질 내용을 생각해 봅시다.

하영이가 심부름을 잘 하였을까요? 이어질 내용을 꾸며 써 봅시다.

하 지 만　하 영 이 는

하 지 만　하 영 이 는

외 할 머 니　생 각 이　났

외 할 머 니　생 각 이　났

습 니 다 .

습 니 다 .

'내 가　오 기 만　기

'내 가　오 기 만　기

다 리 실　텐 데 …… . '

다 리 실　텐 데 …… . '

하영이는 외가로 발

길을 돌렸습니다. 하

영이는 무사히 외가

에 도착해 참기름을

가지고 왔습니다.

글씨를 바르게 써 봅시다.

공부한 날 (　)월 (　)일

| 사 진 | 수 건 | 옷 장 |
| --- | --- | --- |
| 사 진 | 수 건 | 옷 장 |
| | | |

| 저 축 | 조 심 | 곶 감 |
| --- | --- | --- |
| 저 축 | 조 심 | 곶 감 |
| | | |

| 차 례 | 촛 불 | 빛 깔 |
| --- | --- | --- |
| 차 례 | 촛 불 | 빛 깔 |
| | | |

# 2. 꿈을 가꾸는 동산

◯ 교과서 86쪽

🧒 이야기를 읽고, 이어질 내용을 친구들과 함께 꾸며 써 봅시다.

🧒 이어질 내용을 생각하며 교과서 86쪽의 '고양이와 쥐'를 읽어 봅시다.

이어질 내용을 모둠별로 꾸며 봅시다.

정 육 점 　 주 인 은 　 빵

가 게 에 서 　 빵 을 　 가 져

오 라 고 　 했 습 니 다 . 쥐

는 　 빵 　 가 게 로 　 갔 습

니 다 . 빵 　 가 게 에 서

빵을 얻은 쥐는 정

육점 주인에게 주고

고기를 받았습니다.

쥐는 농부에게 고

기를 주고 풀을, 암

소 에 게 서　우 유 를　　반

았 습 니 다 .　고 양 이 는

우 유 를　　먹 었 습 니 다 .

그 리 고 는　　쥐 에 게

꼬 리 를　　주 었 습 니 다 .

이야기를 읽고, 이어질 내용을 꾸며 써 봅시다.

◯ 교과서 90쪽

 교과서 90쪽의 이야기를 읽고, 이어질 내용을 꾸며서 써 봅시다.

꾸며 쓴 이야기를 읽고, 물음에 답하여 봅시다.

 이야기가 재미있나요?
앞의 이야기와 잘 어울리나요?

# 이야기를 상상하며 재미있게 꾸며 봅시다.

◯ 교과서 94쪽

두 눈을 감고 상상의 나라로 떠나 봅시다. 내가 물, 바람, 나무, 새, 소리 중에서 하나가 되었다고 생각해 봅시다.

상상한 내용으로 이야기를 재미있게 꾸며 봅시다.

우리 반에서 하는 연극을 알리는 글을 써 봅시다.

◐ 교과서 99쪽

 알리는 글에는 어떤 내용이 들어가는지 살펴봅시다.

---

나오는 사람들 : 김선식, 최승은, 이윤주, 정현아,

김미정, 이성환, 박태수

때 : 7월 15일 낮 3시

곳 : 2학년 1반 교실

---

 우리 반에서 하는 연극을 알리는 글에 들어갈 내용을 써 봅시다.

우리 2학년 1반

이 연극을 해. 7월

15일 3시에 2학년

1반 교실로 꼭 보

러 와 줘.

 다른 사람을 초대하는 초대장을 써 봅시다.

교과서 100~101쪽

 알리는 글에는 어떤 내용이 들어가는지 살펴봅시다.

초대

 쓴 글을 읽어 봅시다.
받을 사람과 보내는 사람을 썼나요?
초대하는 말을 알맞게 썼나요?
연극을 하는 때와 곳을 썼나요?

혜경이에게.

혜경아, 우리 반에

서 ‘흥부와 놀부’

연극을 7월 15일

3시에 하게 되었단

다 .

다 .

내 가　홍 부　역 을

내 가　홍 부　역 을

맡 았 으 니　꼭　와 .　장

맡 았 으 니　꼭　와 .　장

소 는　2 학 년　1 반

소 는　2 학 년　1 반

교 실 이 야 .　연 숙 이 가 .

교 실 이 야 .　연 숙 이 가 .